AFS01312

Rive (l'abbé)
Essai sur l'art de vérifier l'âge des miniatures. F°. 1782.

Double des

Le V 594
+ 1 A se trouve au dép. des Mss.
Fac-simil. Fol. 11 5°
(enluminure sur papier)

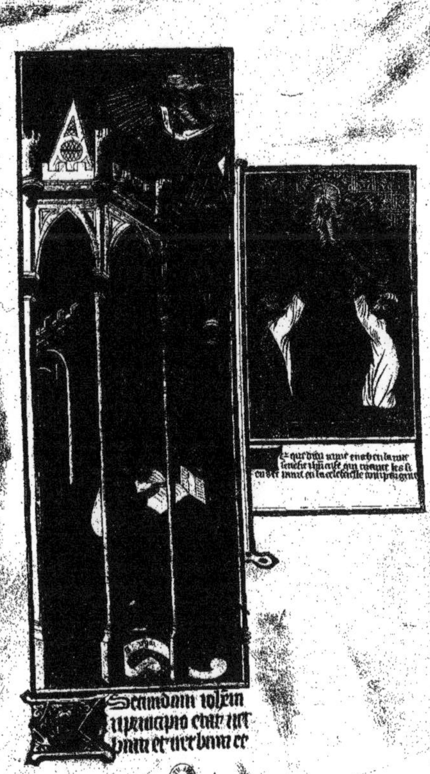

XIV.me Siecle. N° 1.

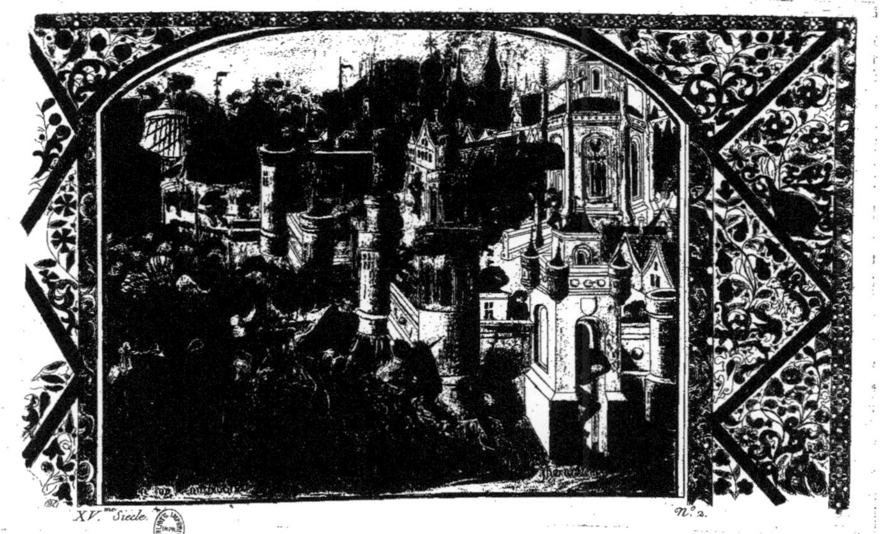

XV.me Siecle. N.o 2.

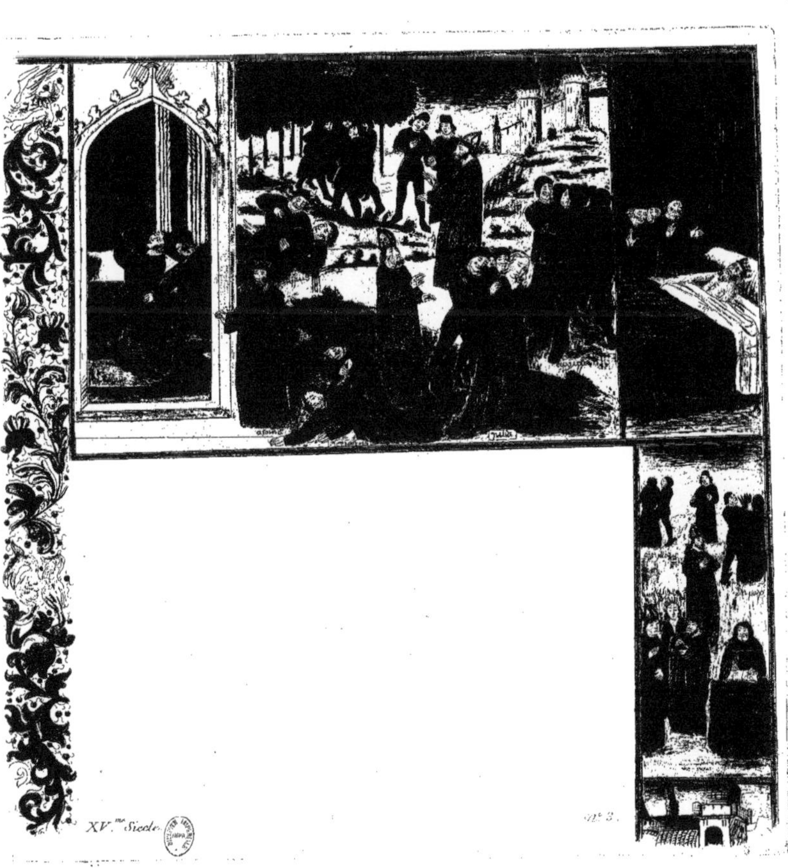

XVme Siecle.

N° 3.

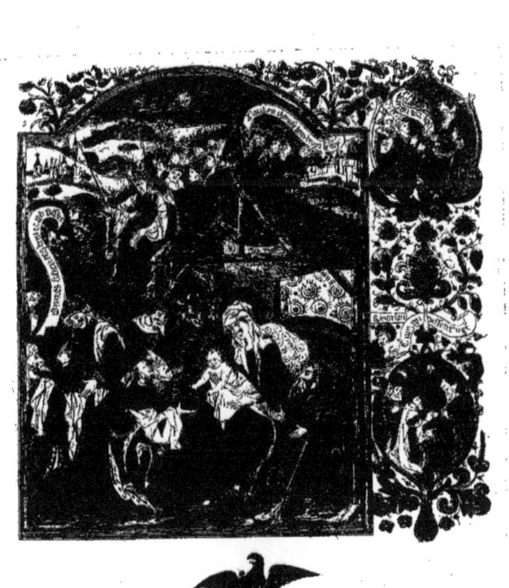

XV.me Siecle. N.o 4.

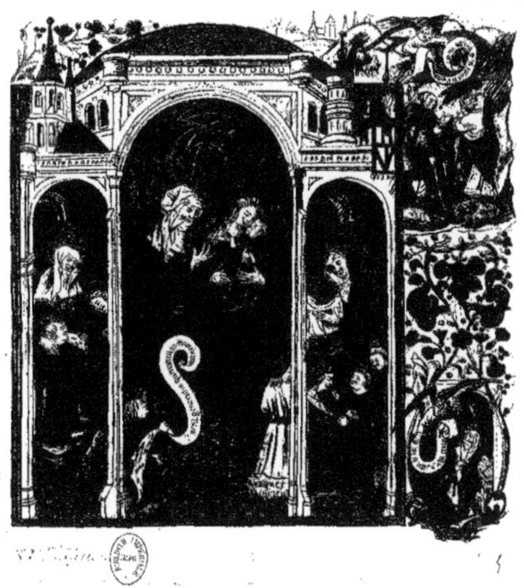

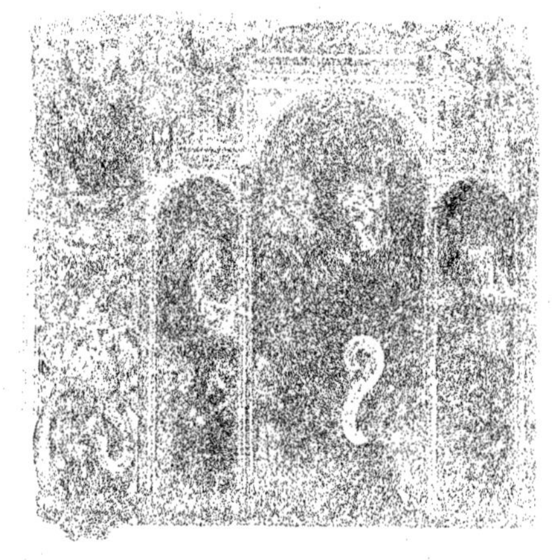

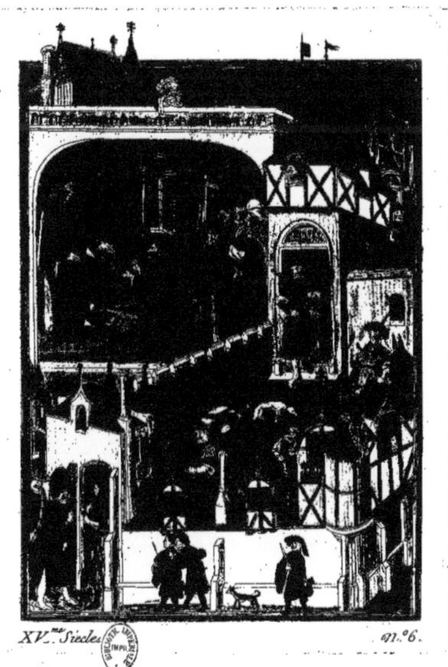

XV.me Siecle. n.° 6.

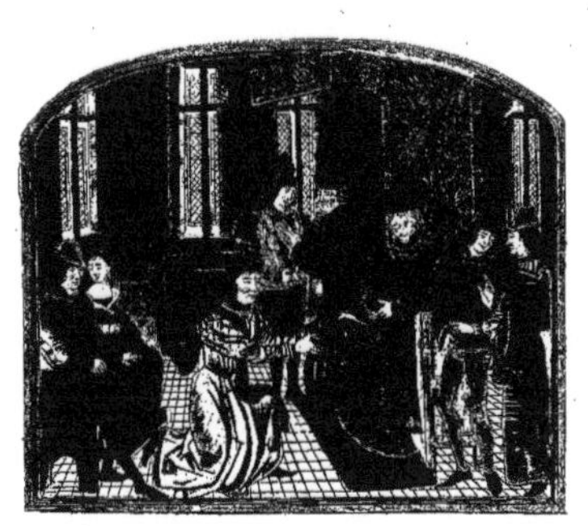

XV.me Siècle

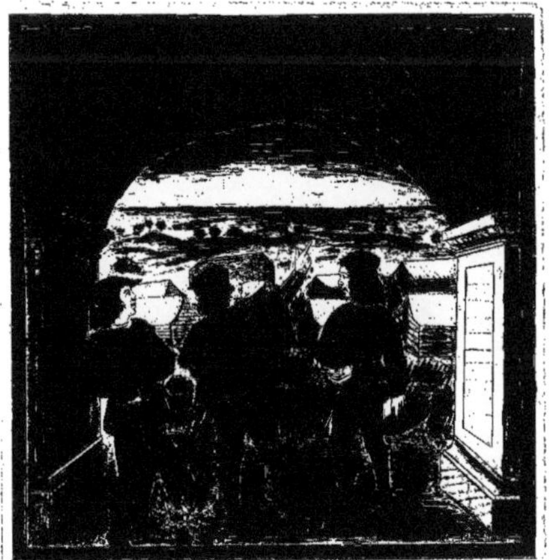

Celz motz et pareilz estoient escripz soubz les armes   8

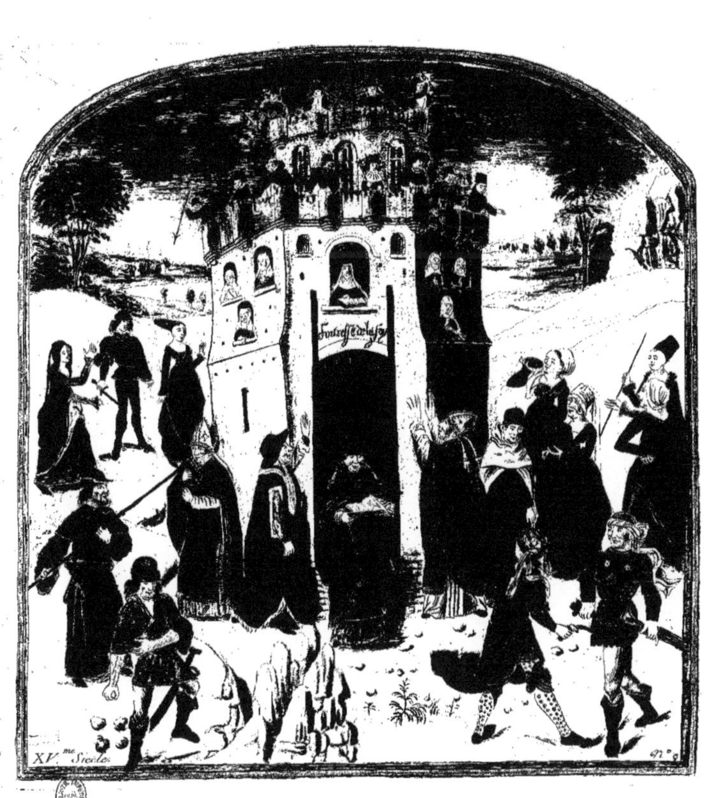
XV.me Siecle
N° 8

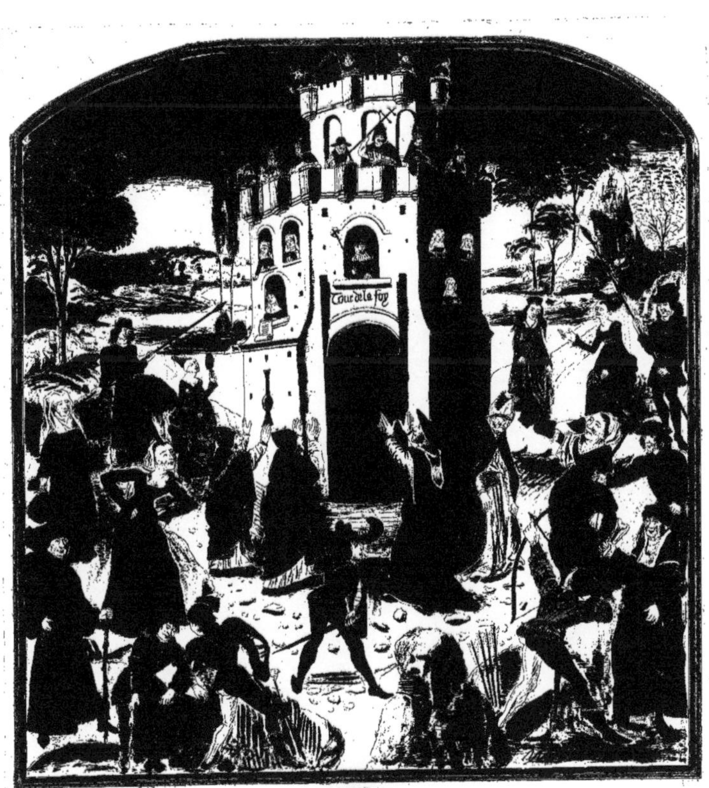

XV.me Siecle.

N.° 10.

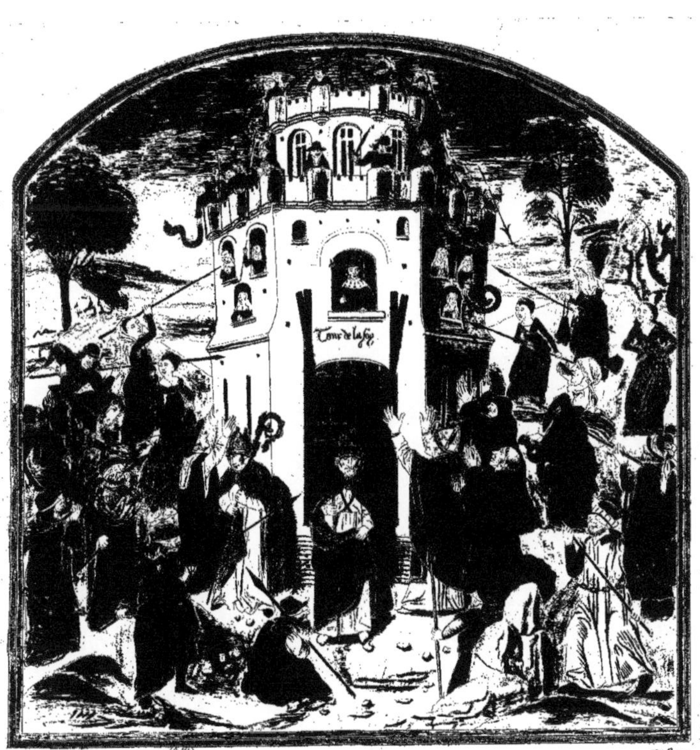

XVme Siecle. N.° 11.

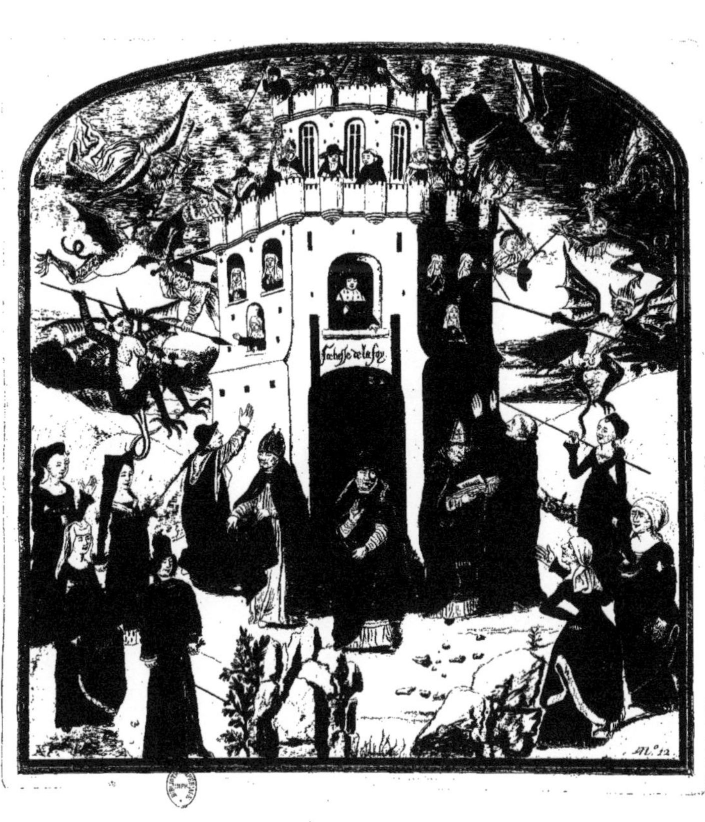
Forteresse de la foy
N.° 12

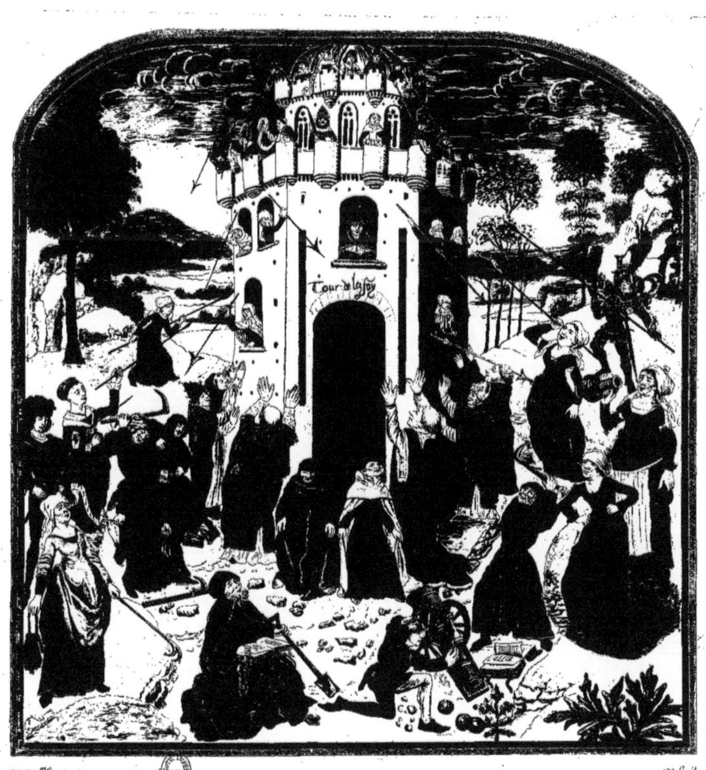

XV.me Siecle. N.° 13.

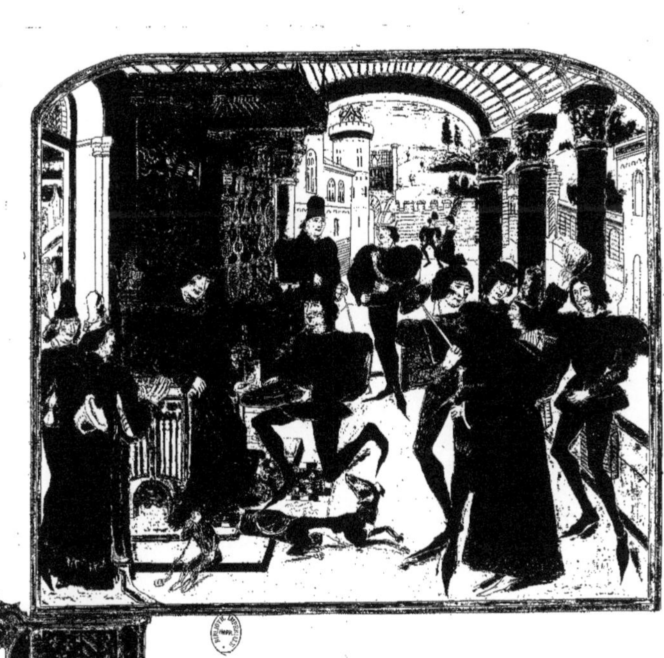

XVme Siècle. N.º 14.

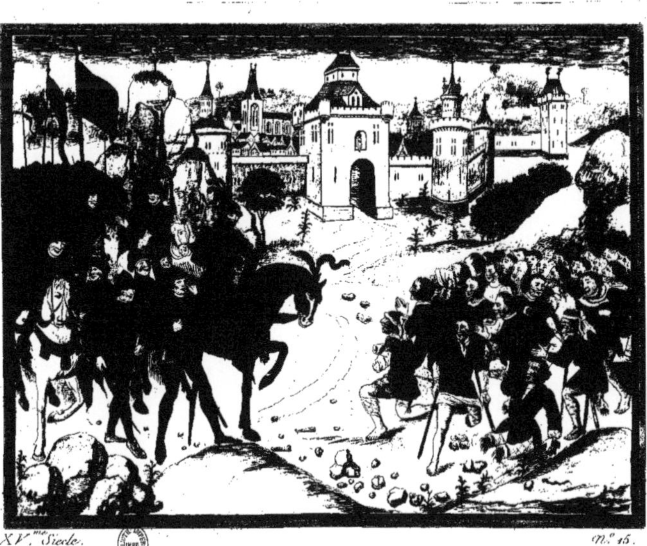

XVme Siecle. N.º 15.

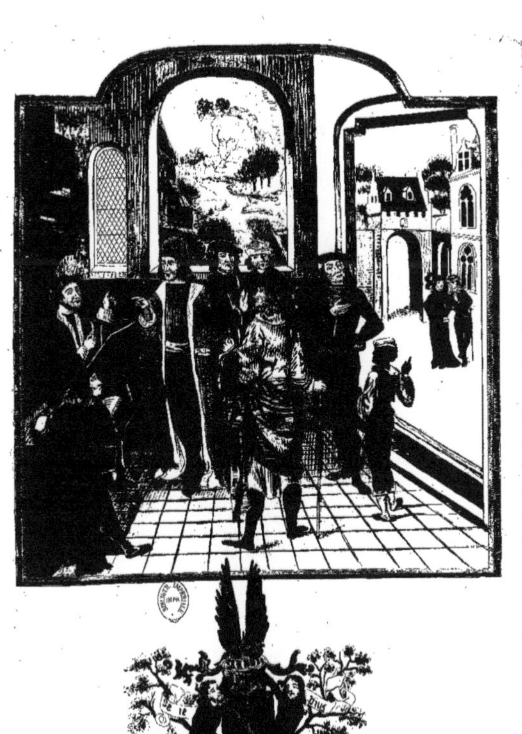

XVme Siecle. N.° 16.

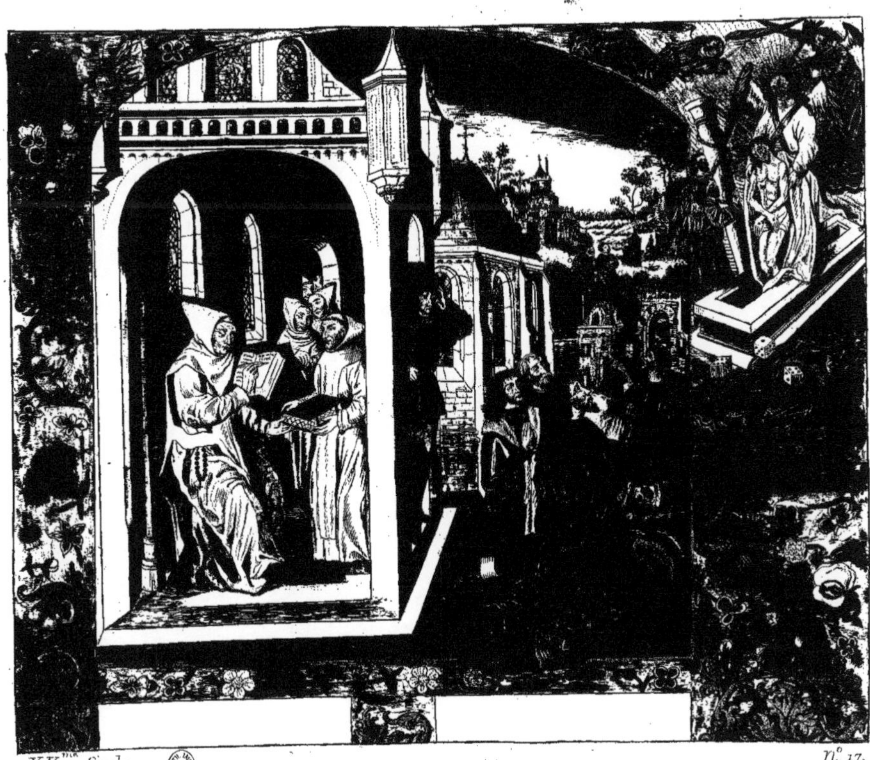

XV.me Siecle. N.o 17.

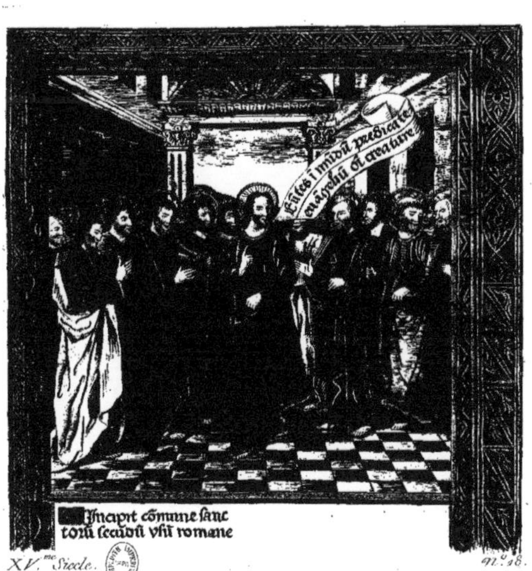

XV.me Siecle. N.° 18.

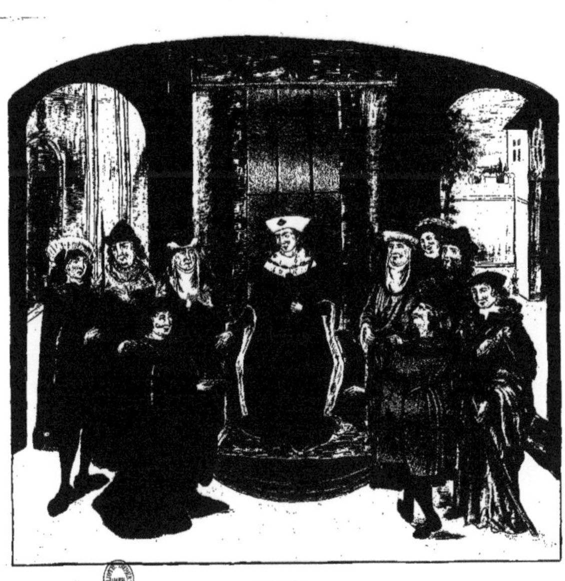

XV.me Siecle. N.o 19

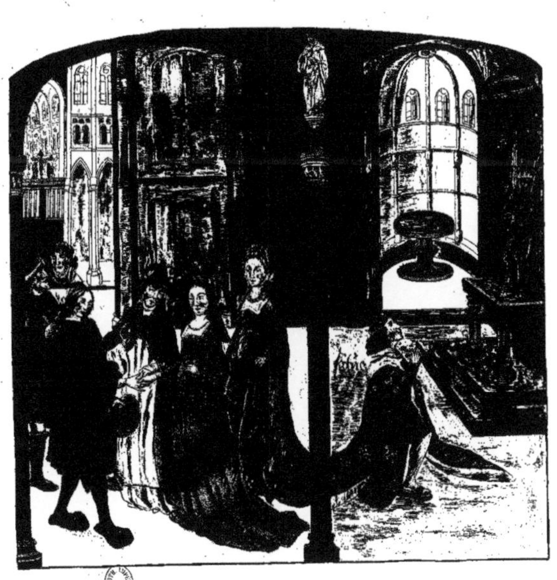

XVme Siècle. N.° 20.

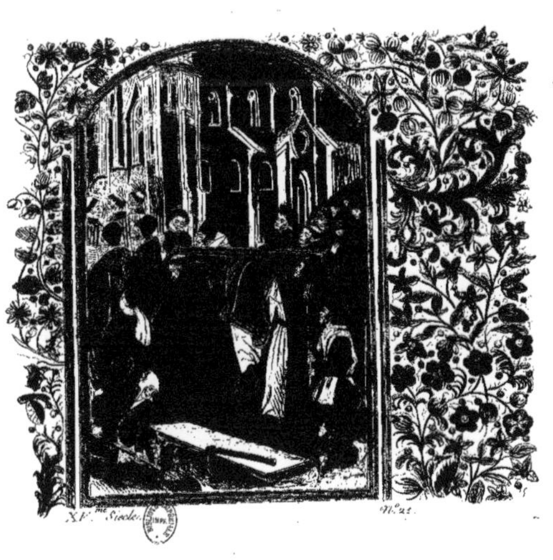

XVme Siecle. N.° 21.

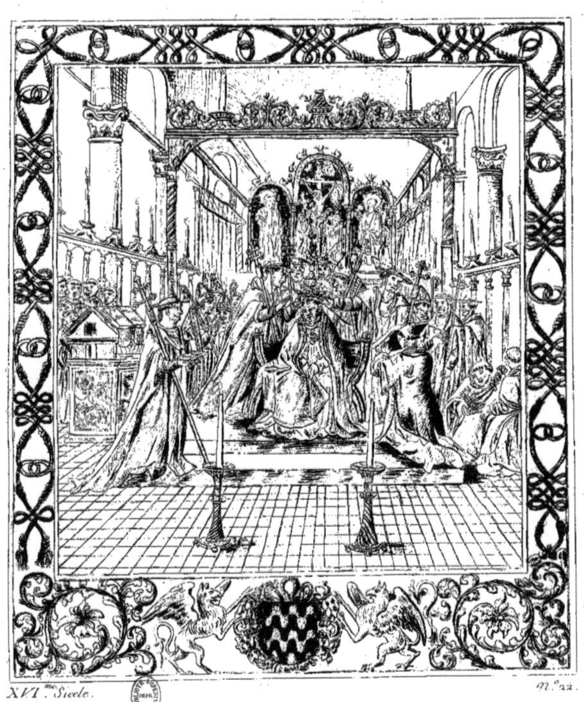

XVIme Siecle. N.° 22.

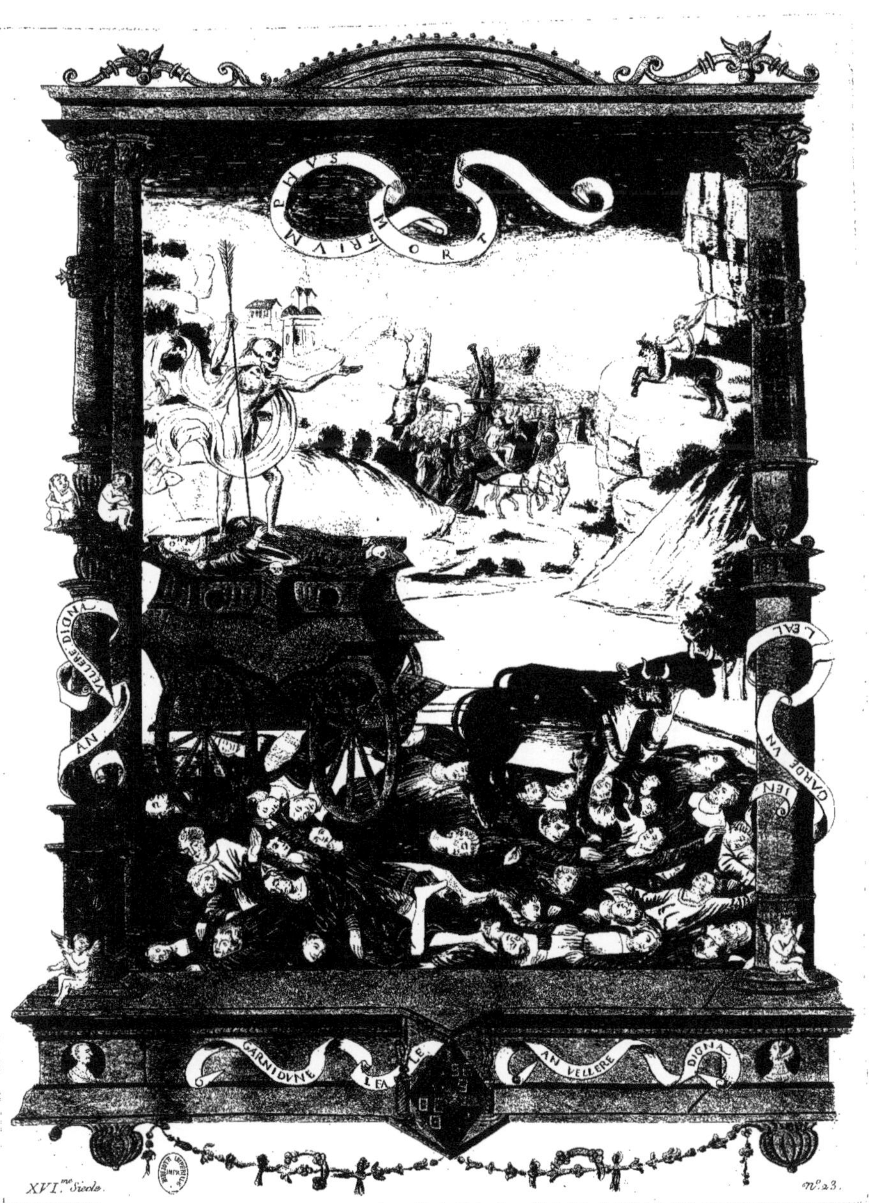

XVI.me Siecle. N°. 23.

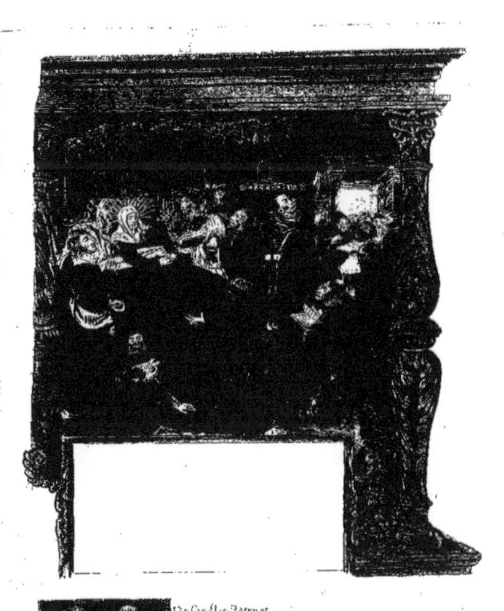

De sanctis Petro et Paulo Antiphona
D Eccus apo

XVI.me Siècle

N.° 24.

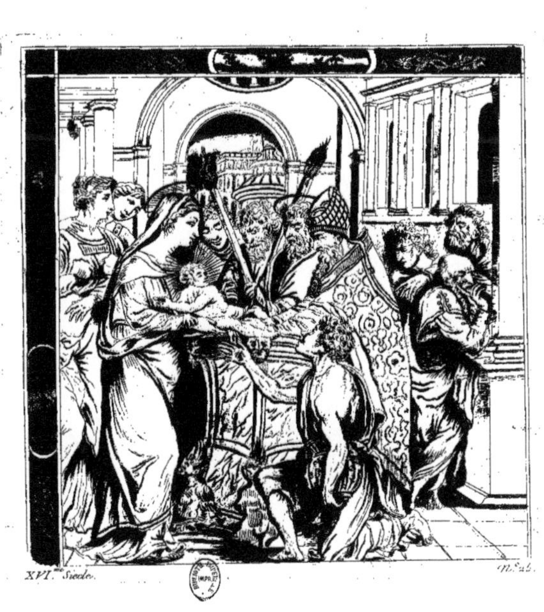

XVIme Siecle. N.° 26.

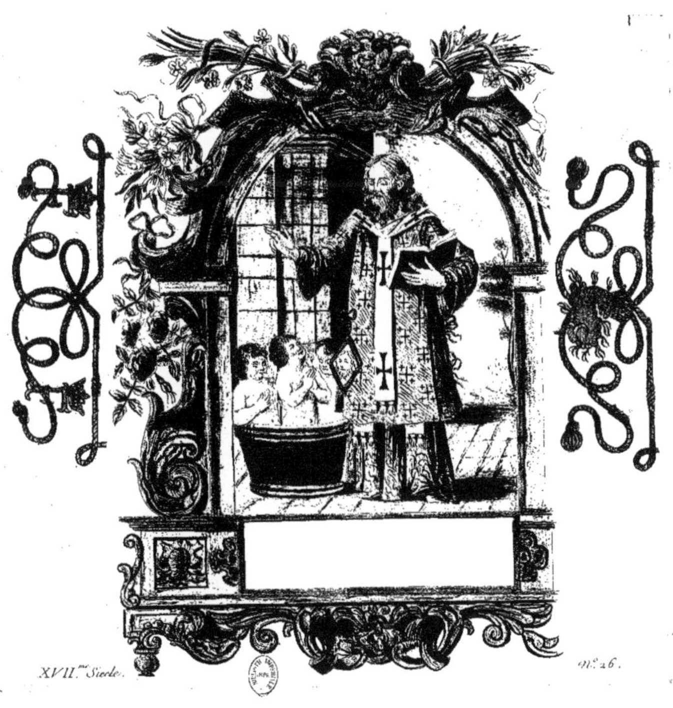

XVII.me Siecle. Nº. 26.

www.ingramcontent.com/pod-product-compliance
Ingram Content Group UK Ltd.
Pitfield, Milton Keynes, MK11 3LW, UK
UKHW012108240726
13965UKWH00004B/1642